- **1판 1쇄 인쇄** | 2018년 2월 13일
- **1판 1쇄 발행** | 2018년 2월 22일
- **글** | 박은혜　**그림** | 이태영
- **콘텐츠** | 박종기　**감수** | 허팝
- **발행인** | 이정식
- **편집인** | 최원영
- **편집팀장** | 안예남
- **편집** | 박현주, 이은정, 김이슬, 최다혜
- **표지 및 본문 디자인** | 김가희
- **출판 영업 담당** | 홍성현, 임종현
- **제작 담당** | 이수행, 주진만
- **발행처** | 서울문화사
- **등록일** | 1988. 2. 16
- **등록번호** | 제2-484
- **주소** | 04376 서울특별시 용산구 새창로 221-19(한강로2가)
- **전화** | 02-791-0754(판매) 02-799-9186(편집)
- **팩스** | 02-749-4079(판매)
- **출력** | 덕일인쇄사
- **인쇄처** | 에스엠그린

ISBN 978-89-263-8082-6
　　　978-89-263-8083-3 (세트)

머리말

학교 다니랴 학원 다니랴… 공부하기 정말 힘들지요? 재미있게 놀 시간도 없이 말이에요. 우리나라 학생들 정말 공부 많이 합니다. 세계에서 가장 공부 많이 하는 학생으로 손에 꼽힐 정도지요.

그런데 이상한 게 있습니다. 이렇게 공부를 많이 하면 어른들 말씀처럼 어른이 되어서 돈도 많이 벌고 부자가 되어야 하는데 대부분 그렇지 못하답니다.

힘들게 일해서 돈을 벌지만 집을 사야 하고 아이들도 키워야 하고 자동차도 타야 하고… 이런 것 때문에 돈이 항상 부족하게 살고 있어요.

부자가 되고 싶다면 어떻게 해야 할까요?

바로 시험 점수를 잘 받기 위한 공부가 아니라 내가 잘 할 수 있는 공부와 경제 실력을 키우는 공부를 해야 합니다.

내가 잘 하는 일을 한다면 남들보다 더 잘 할 수 있으니 돈을 많이 벌 수 있고, 여기에 경제 실력까지 갖추면 벌어놓은 돈을 잘 활용해서 불릴 수가 있거든요.

여러분이 잘 알고 있는 빌 게이츠나 워렌 버핏과 같은 세계적인 부자들은 모두 그렇게 탄생했답니다.

앞으로 부자가 될 여러분에게 이 책 〈허팝 호기심상식 1-도전 부자 되자!〉는 분명 도움을 줄 것입니다. 경제 실력은 어릴 적부터 익히는 게 중요하거든요. 이 책의 내용을 하나씩 알아가고 실천한다면 여러분은 분명 멋진 부자가 될 거예요.

－ 박종기(머니앤리치스 대표, 〈또봉이 통장〉 외 저자)

등장인물

* 엄마&아빠 *

경찰관인 엄마는 불의를 보면 참지
못하는 성격. 편의점을 운영하는 아빠는
여유롭고 느긋한 편이다.

* 소라개 *

평소엔 조용하고 멍해 보이지만,
종종 그 누구보다 똑똑해 보일
때가 있다.

* 금봉&백만 *

센 척하지만, 은근히 소심한 성격에
새벽이를 좋아하는 노을이 반 친구 금봉.

배려 깊고 섬세한 성격으로
노을이의 가장 친한 친구인 백만.

목차

도전
부자되자!
1

세배를 하면 왜 돈을 줄까?

세뱃돈

한노을 일어나!

허팝, 너도!

으… 이른 새벽부터 왜 난리야….

음냐

하암

아… 더 잘래.

좋은 말로 할 때 일어나시지!

악

화

으아아

새해 첫날부터 늦잠이냐!

새해니까
한복을 입어야지.

하암~

아직도
안 입었어?

벌컥

으흐흐

옷이 날개라더니,
못 알아보겠네.

ㅋㅋㅋ

방금 비웃는
소리가 들렸는데…?

나…난 아냐!

네가 먼저
웃었어!

우두둑   우두둑

또 까불면
알아서 해~.
세배 드리러 가게
빨리 나와!

털썩

으으으...

자, 세뱃돈이다.

응? 이걸 왜 주시는 거죠?

새해 복 많이 받으라고 주는 건데, 싫으면 돌려줘도 된다.

아닙니다. 생각해 보니…

좀 더 필요할 것 같으니 세배 한 번 더 올리도록 하겠습니다.

한 번이면 돼. 더 한다고 더 주는 게 아니야~.

저 바보!

ㅋㅋㅋ

아쉽다…, 쩝.

11

그러고 보니 내가 이 집에서 제일 막내네?

뜬금없이 무슨 소리야?

누나! 형! 세배 드리겠습니다!

촤악

절 받으소서!!

꾸벅

이제 세뱃돈 주세요~!

누나 형~

헉! 너희들은 왜 절하는 거야?!

너도 복 많이 받아!

저얼~

난 3만 원 받았어.

나도 3만 원!

첫! 만원만 더 주시지!

난 막내라서 2만 원인가 봐.

그래도 2만 원이면 초콜릿이 20개,

찌릿찌릿 젤리가 40개잖아?!

히히 맛있겠다~

뭘 살 거야?

만화책이랑 과학실험도구! 넌?

난 당연히 방방소년단 오빠들 앨범 사야지~.

물어본 내가 바보지~.

그런데 세뱃돈으로 꼭 뭘 사야 하는 거야?

그건 아니고, 네가 필요한 게 있을 때 사면 돼.

내가 필요할 때…?

호기심 해결!

1 세뱃돈

Q 세뱃돈은 왜 받아요?

A 우리나라의 세뱃돈 문화는 중국의 영향을 받았다고 해요. 중국은 음력 1월 1일에 결혼하지 않은 자식들에게 붉은색 봉투에 돈을 담아주며 덕담을 했대요. 조선시대에 중국에서 유교사상과 함께 세배 문화도 전해진 거죠. 그리고 임금이나 양반이 신하, 하인에게 새해 인사를 받고 세뱃돈을 주는 풍습이 지금까지 이어져 아이가 어른에게 세배를 하고, 어른이 아이에게 세뱃돈을 주게 된 거예요.

Q 설날이 아닌 특별한 날에도 돈을 주고받나요?

A 결혼식 같은 기쁜 일이나 장례식처럼 슬픈 일에는 돈을 주고받아요. 기쁜 일과 슬픈 일을 합쳐 '경조사'라고 해요. 경조사에는 세배를 하는 게 아니라, 그날의 주인공에게 인사를 하고 돈을 내요.

 경제 용어

세뱃돈 : 설날에 세배를 하면 주는 돈이에요.

미래를 위해 노력하는 거야!
투자

저기, 누나…

부탁이
있는데….

뚜뚜루뚜~
빰빰

누나!

꽈
악

깜짝
놀랐잖아!

켁
켁

으으…
나 좀 도와줘….

근데 무슨 일로
누나래?

넌 인기가
많은 편이잖아.

그야 그렇지.

빠
직

새벽이가 인기가
많아? 놀라운데?

뭐가 그리 놀랍냐!!

으으,
하지 마~!

나도 인기 많아지고 싶어. 도와줘.

뭐?!

곧 있으면 밸런타인데이잖아. 그때까지 인기 많아지게 도와줘~.

그러니까 내 귀한 시간을 너에게 *투자하란 말이지? 그럼 넌 나한테 뭘 해 줄 건데?

음….

*투자 : 어떤 일을 얻기 위해서 노력하는 것을 뜻해요.

저번에 빌린 만 원 안 갚아도 돼.

콜! 거래 성립!

따독

자, 한 번뿐이니 잘 들어.

응응!

숙 숙

외모보다 스타일이 중요해. 패션에 신경을 써야 해.

패션의 완성은 얼굴이라고 할 거면서~.

맞아!

몰라도 너무 모르네~!

봐! 허팝은 이 빨간 모자 빼면 그냥 전구고!

소라개는 소라 빼면 그냥 개잖아!

화악

맞는 말이긴 한데 슬프다.

…….

쿡

사실이잖아~.

노을이 너마저….

쿡

알았으면 최대한 멋지게 입고 나와 봐.

알았어!

그런데 쟤가 왜 갑자기 인기 타령이지?

혹시 좋아하는 애 생긴 거 아냐?

그렇구나!
전혀 눈치 못 챘는데,
누구지?!

평소에
노을이가 친하게
지내는 애 없어?

없는 것 같은데…
그럼 짝사랑?

내가 알게 된 이상
누나로서 노을이의
사랑을 이뤄 주겠어!

헉,
왜 저래?

화르르

짠!
어때?

아까랑 다를 게
없잖아…

척

하아

옷이 왜 다 비슷한 거야!

그렇게 입으니 그나마 볼 만하네.

와, 진짜 스타일이 사람을 바꾸는구나!

정말? 헤헤…

좋아하긴 일러! 스타일보다 훨씬 중요하고 어려운 게 남았으니까.

뭔데?

매너가 사람을 만든다!

오~! 노을아, 오늘 좀 멋있는데?

그래? 히힛.

워워~! 떨어져~!

콱

밸런타인데이까지는 노을이랑 좀 떨어져 있어~! 노을이는 이미지 변신 중이라고!

무슨 일인지는 모르겠지만….

지금 노을이가 더 바보 같지 않을까?

앗차!

으윽

어쨌든, 내가 가르쳐 준 거 잊지 않았지?

응, 한 번 해 볼게!

짝

무슨 일인데?

몰라도 돼~.

*공감 : 다른 사람의 마음이나 생각에 대하여 자기도 그렇다고 느끼는 것.

드디어 밸런타인데이.

좋아하는 애한테 초콜릿 받았냐? 다 알고 있으니 솔직하게 말해 봐~.

무슨 말이야? 나 좋아하는 애 없는데?

뭐?!

허팝, 이것 봐~. 일 년 동안 초콜릿 걱정은 없겠어!

헉, 초콜릿 때문이었어?!

맛있다~!

둘 다 못 말려!!

호기심 해결!

2 투자

Q 투자와 저축은 어떤 점이 달라요?

A 투자는 돈을 불리는 일로, 저축에 포함되는 개념이지만 원금에 손실이 생긴다는 점에서 저축과 구분이 돼요. 투자에는 돈을 가진 사람이 직접 투자를 하는 '직접 투자'와 전문가에게 맡기는 '간접 투자'가 있어요. 투자는 은행보다 수익을 높게 낼 수 있지만, 그만큼 돈을 잃을 위험도 높아요.

Q 직접 투자와 간접 투자는 어떤 점이 달라요?

A 대표적인 직접투자는 '주식'이에요. 주식이란 주식회사가 경영에 필요한 돈을 마련하기 위해 다른 사람들에게 돈을 받고 회사 소유자라는 증표를 주는 거예요. 간접투자는 증권사의 전문가에 맡기는 '펀드 투자'를 뜻해요. 펀드란 여러 사람에게서 모은 돈을 전문가가 주식이나 채권 등에 투자해 수익금을 나눠주는 상품이에요.

 경제 용어

투자 : 투자는 어떤 일에 이익을 얻기 위하여 시간이나 정성을 쏟는 것을 뜻해요. 특히 금융 투자는 이익을 얻기 위해 돈을 돌리는 일을 뜻하죠.

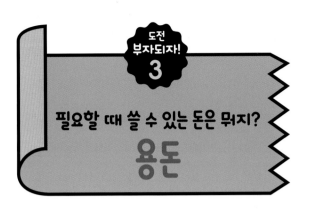

필요할 때 쓸 수 있는 돈은 뭐지?
용돈

배고프다~.
밥 언제 먹어?

부모님이
저녁 준비
중이실 거야.

워이잉

둠칫

둠칫

두부가 떨어졌네.
애들 보고 사 오라고
해야겠다.

저벅

저벅

이 소린….

심부름의
징조…!

28

완벽한 곡선에
맵시 있게
떨어지는 라인….
푸른 듯 하얀 듯
영롱한 빛깔….

이건… 분명
내 인생 전구!

기쁨의
찌릿찌릿 댄스~!

찌릿

찌릿

응? 왜 그래?

혁…!

지금 남은 용돈은 5천 원인데….

2만 원이 부족하다….

반값 할인이라 금방 팔릴 텐데….

맞다! 내일은 용돈 받는 날…

…이지만 용돈은 만 원이잖아!

*용돈 : 필요할 때 쓸 수 있는 자유로운 돈을 말합니다.

그래, 내일 집안일 담당은 나! 엄마님을 기쁘게 해 드려서 2만 원을 받고 말겠어!

허팝! 집이 너처럼 반짝반짝하구나. 자, 2만 원 받거라.

헤헤, 엄마님의 기쁨이 저의 기쁨인 걸요~!

잘
먹었습니다~!

세계 최고의
두부조림
이었어요!

하하,
그러니?

맛있긴 했지만
그 정도였나?

뭔가 꿍꿍이가
있는 것 같아.

허팝~! 〈과학파워〉
신간 나왔는데
같이 볼래?

아니, 난 오늘
일찍 잘 거야~.
체력을 아껴
둬야 하거든.

치카

치카

아, 허팝이 내일
집안일 당번이지?

용돈 받는
날이기도 하고!

보나마나 집안일
잘해서 용돈을
더 받으려는 거겠지.

뿜!

잘해 봐~.
파이팅~!

그런 거였어?
나도 도와줄게!

다음 날

그릇은 반짝반짝~!

먼지는 탈탈~!

걸레질은 싹싹~!

집안 구석구석

묵은 때들을

허팝 님이 씻겨 주마!

얼룩이 잘 안 지워지네? 강력 세정제가 필요해…!

어제 심부름 다녀오는 길에 사고 싶은 전구를 발견했거든!

오늘 용돈으로 2만 원만 받으면 살 수 있어~!

이 정도면 엄마님도 기뻐하시겠지?

반짝

반짝

우와~, 우리 집 맞아?

오오

이게 웬일이야~?

허팝이 이렇게 다 치운 거야?

엄마님, 아빠님, 오셨습니까!

허팝, 짱! 보답으로 이번엔 용돈 2만 원이야~.

감사합니다!

작전 성공!

드디어 인생 전구를 살 수 있…

헉! 5천 원을 세정제 사는 데 써 버렸잖아?!

허팝, 잠깐만~.

우리 집에 온 걸 축하해!

어떻게…

내 마음을….

노을이가 허팝이 갖고 싶어 하는 전구가 있다길래 오는 길에 사 왔지. 우리 가족이 되어 줘서 고맙다. 앞으로도 계속 잘 부탁해~.

우리 가족 최고!!

3 용돈

Q 용돈은 얼마나 받을까요?

A 부모님이 무엇이든 사 주는 것보다는 어린이의 필요에 맞게 용돈을 받는 것이 좋아요. 어려서부터 돈을 어떻게 쓰고 아껴야 하는지 익히고, 올바른 소비 습관과 저축 습관을 들이기 위해서죠. 그러니까 부모님과 충분히 상의를 한 뒤 받을 금액을 정해야 해요. 부모님이 정해 주시거나 어린이가 혼자 하는 게 아니라 얼마가 필요한지 함께 정하는 게 중요해요. 매달 정해진 날짜에 받아야 용돈 관리를 잘 할 수 있다는 것도 잊지 말아요.

Q 용돈은 어떻게 사용하나요?

A 어디에 쓸 지를 먼저 정하세요. 그래야 과소비를 하지 않거든요. 중요한 것은 돈을 쓴 내용과 금액을 용돈 기입장에 정확하게 적는 거랍니다. 잘한 소비가 어떤 건지 부모님과 그리고 스스로 생각해 보는 기회가 될 거예요.

 경제 용어

용돈 : 용돈은 정해진 기간마다 규칙적으로 받는 정해진 금액의 돈이에요.

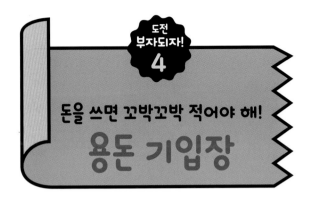

돈을 쓰면 꼬박꼬박 적어야 해!
용돈 기입장

새벽아,
준비물
사러 가자!

스윽

난 바빠.
내 것도 사다 줘….

아무것도
안 하면서!

헉!

좀 더
아무것도 안 하고
싶어. 내 마음
알겠니?

스윽

됐고, 돈이나 줘.
더 말해 봐야
내 입만 아프지.

고마워,
동생아~.

돈이 다 어디 갔지?! 이럴 리가 없는데!

텅

텅

엽기 표정!

어디에다 돈을 쓴 거지?! 기억이 안 나~.

용돈 기입장을 보면 어디에 썼는지 알 수 있잖아.

용돈 기입장이 뭐야?

용돈 받고 쓴 걸 그때그때 기록하는 공책이야.

귀…, 귀찮을 것 같다….

안 돼, 허팝! 귀찮다고 안 쓰면 새벽이처럼 되고 말 거야~!

그, 그건 싫어! 당장 용돈 기입장 쓸래!

콱

히익!

저것들이…

돈이 없어서 화낼 기운도 없어…. 준비물 어떡하지?

하아~

저 똑같은 앨범 중에 몇 장 팔면 되잖아~!

같은 앨범이 왜 이렇게 많아?

안 돼!! 감상용, 소장용, 비상용, 사인용, 선물용 다 있어야 한단 말이야~!!

준비물 안 가져가면 일주일 화장실 청소인데… 괜찮겠어?

그럴 순 없지!

중고 월드

한정판 방방소년단 앨범 팝니다 포장 안 뜯은 새것!

탁탁 탁탁

사겠다는 사람이 금방 나타나서 다행이다~.

당연하지, 방방소년단 한정판인데…

스윽

위험해!!

떡

꺄악~

우와~!

뭘 이 정도 가지고~!

으악!!!

소중한 오빠의 앨범을 깨어지게 하다니!

그래도 똥 밟은 것보단 낫잖아!

콩

콩

콩

차라리 그게 나았어!!

뭐야, 구해 줬는데 너무해~!

스윽

저, 저기…

혹시 아이디가… '방방탈란다'?

그럼 넌 '방긋소녀당'?

한정판 못 구해서 속상했는데 고마워. 여기 2만 원.

그게, 저기, 오다가….

이렇게 돼서…. 5천 원 깎아 줄게….

미안, 깨진 건 좀….

깨진 거 별로 티 안 나. 그리고 안은 멀쩡한걸.

그럼…

괜찮아?

저 인형도 같이 주면 살게.

나? 나 인형 아닌데…

미안하지만, 허팝은 줄 수 없어.

아니! 가져 가~.

뭐?!

새벽아!!

저 녀석이 내 방방소년단 앨범 깨뜨렸잖아! 책임을 져야지.

흥, 그래! 나도 너랑 같이 살기 싫어!

가자, 방긋소녀당!

그, 그래.

허팝!!

어떻게 그럴 수 있어?! 허팝은 우리 친구잖아!!

몰라~. 자기가 간다고 하잖아.

정말 못됐어! 이게 다 네 준비물 사는 거 도와주려다 그런 건데!

어디 가? 준비물 안 사?

몰라! 허팝 찾으러 갈 거야!

그럼 혼자 사지, 뭐.

칫!

토닥

토닥

허팝~! 어디 있어?

허팝~!

아무도 찾으러 안 오네…

우와, 케이크다!

44

너무 맛있어~!
이런 고급 케이크를
매일 먹는다니,
좋겠다.

이것도
먹어 볼래?

방긋소녀당,
최고야!

내 이름은
유미야.

너무 귀엽다,
허팝~!

헤헤, 별
말씀을~.

허팝은 여기서
자면 돼.

우와, 대~박!

너무
폭신폭신해!!

팡

팡

여기가
훨~씬 좋다!

노을이,
새벽이…

잠시 후

다들 뭐 하고
있을까…?

사랑하는 가족들,
보고 싶다…!

아무래도 가야겠어. 미안해, 유미야…

어두워지니까 길이 헷갈리네.

팟

허팝!!

미안해…. 내가 잘못했어~.

아니야, 나도 미안해!

그 친구 주려고 새 앨범도 가져왔는데….

새벽아…, 네게 소중한 거잖아….

핑~

허팝의 편지

유미야 정말 미안해. 가족이 기다리고 있어서.. 돌아가야겠어 ㅠㅠ 가까우니까 또 보자. 넌 참 좋은 친구야 ♥

-친구 허팝이-

참! 이걸로 씨디 책거 사~ 내 전재산이야♡

풋, 4천 원으론 앨범 못 사, 허팝~.

꼭 또 보자!

호기심 해결!

4 용돈 기입장

용돈 기입장을 보고 계획을 세웠어야지~.

방방소년단 오빠들 앨범을 3장 샀더니 용돈이 모자라~!

Q 용돈 기입장이 왜 필요해요?

A 계획적으로 용돈을 사용하게 되어 예산 관리 방법을 배울 수 있고, 저축하는 습관도 가질 수 있어요. 무엇보다 쓸데없이 돈을 낭비하는 일이 줄어든답니다. 돈을 어떻게 쓰고 아껴야 할지 알 수 있거든요. 지금 용돈 기입장을 쓰는 습관을 들이면 어른이 되어서 더 큰 힘이 돼요.

Q 용돈 기입장은 어떻게 써요?

A 수입과 지출의 모든 항목을 꼼꼼히 적어야 해요. 수입에는 부모님께 받은 용돈과 스스로 번 용돈을 모두 적어야 하고요. 새로운 달마다 지난달의 남은 돈과 이달의 이달에 받을 용돈을 기록하세요. 그래야 이번 달에 쓸 수 있는 돈이 얼마인지 알거든요. 무엇보다 자신이 알아볼 수 있는 방법으로 용돈 기입장을 쓰는 게 중요해요. 어린이 스스로가 매일 봐야 하니까 당연한 것이겠죠?

 **경제 용어**

용돈 기입장 : 여러분이 가지고 있는 용돈을 얼마나 벌고 어디에 썼는지를 적는 공책이에요.
요즘은 휴대폰 어플리케이션으로도 많이 나오죠.

쓰던 물건을 팔자!
벼룩시장

차
악

따사로운 햇빛….
소풍 가기 좋은 날이다.

대청소 하기
딱 좋은 날이다~.
그치?

마침 오늘 벼룩시장이 열리니까, 각자 내다 팔 것들부터 정리하자.

벼룩… 시장이요?

안 쓰는 물건을 서로 사고파는 중고 장터야~.

오호라~

난 또 벼룩인 줄 알았네.

자, 노을이는 책장에 읽지 않는 책 싹 팔고~.

어쩌냐~, 큰일났네.

헉!

새벽이는 앨범이랑 굿즈인지 뭔지 싹 팔아!!

으악! 오빠들은 안 돼요!

킥킥

정리 안 되고 밖에 나와 있는 것들은 엄마 마음대로 전부 팔아 버릴 거야~!

앞으로 한 시간 준다! 실시!!

후 다 다 닥

49

*대비 : 앞으로 일어날지도 모르는 어떠한 일에 대응하기 위하여 미리 준비함. 또는 그런 준비.

뭔데?

기대하라고~.

노을아~.

안 돼, 싫어!

나 아직 아무 말도 안 했는데?

지금 가져온 거, 내 방에 두려고 하는 거잖아~.

이게 다 뭐야?

그러지 말고 좀 도와줘. 부탁할게, 동생아~.

아, 아파…!

이 사람 지로 아냐? 오늘 스캔들 났던데?

뭐?! 우리 지로 오빠가 그럴 리 없어!

진짜네! '인기 아이돌 지로, 신인 여배우 유리수와 함께 있는 모습이 찍혀…'.

지로 열애설

부들

부들

오빠 미워!! 다 팔아 버릴 거야!

그런데 허팝은 뭐 하는 거지?

그러게.

실룩

실룩

너네 뭐 해?

OK!

소라 껍질을 파는 거야?

3천 원이면 너무 비싼데…?

3000원

자, 소라개! 눈 떠!

샤 방

파앗

소, 소라개가 눈을 떴어!

이런 얼굴이었다니!

이 조명은 얼마예요?

어머님, 저는 파는 물건이 아니랍니다~!

앗, 깜짝이야!

찡긋

자, 자, 계산하실 분들, 여기로 줄 서 주세요~.

지로 오빠 한정판이다!!

진짜?!

나 이거 갖고 싶었는데!

스페셜 앨범이 여기 다 있어!!

마음껏 골라 봐. 싸게 줄게~!

하하하

소라개랑 허팝, 많이 벌었네!

헤 헤

넌 많이 남았구나? 난 다 팔았지롱.

괜찮아. 내 목적은 이뤘으니까!

우와, 20권 다 읽은 거야? 대단해!

응. 남은 건 친구들 나눠 주려고~.

띠리리리

여보세요? 지로 오빠 스캔들? 봤지~.

안 그래도 벼룩시장에서 오빠 물건 다 팔고 가는 길이야.

뭐…? 그 스캔들…

가짜라고?!

안 돼!!

허팝, 어서 피해!!

호기심 해결!

5 벼룩시장

Q 벼룩시장의 좋은 점은 뭐예요?

A 벼룩시장은 저렴한 가격에 필요한 물건을 살 수 있어요. 쓰던 물건을 버리지 않고 다시 사용하는 거니 환경 보호에도 도움이 되죠. 그리고 물건을 팔 것을 생각하면 뭐든지 아껴 쓰게 되겠죠?

Q 벼룩시장은 우리나라에만 있나요?

A 어느 나라에나 있어요. 미국에는 '차고 세일(Garage Sales)'이라는 게 있어요. 왜 차고 세일이냐면 사용하지 않는 물건을 자기 집 차고나 앞마당에 늘어놓고 팔기 때문이지요. 한국에는 '아나바다 운동'이 있어요. '아껴 쓰고 나눠 쓰고 바꿔 쓰고 다시 쓰는 운동' 이라는 말을 줄인 단어예요. IMF 때 경제를 다시 살리려고 국민들이 중심이 되어 물건을 아껴 쓰던 운동이죠. 요즘은 인터넷에서도 중고 시장이 많이 열려서 편리해요. 하지만 사기를 당할 수도 있으니 물건을 사기 전에 꼭 어른들에게 물어보세요.

벼룩시장은 원래 쓰던 물건을 싸게 파는 거야.

이 전구는 왜 이렇게 싼 거야?

6개 천원

경제 용어

벼룩시장 : 쓰던 물건을 파는 시장이에요. 벼룩이 있을 정도로 낡은 물건을 판다고 해서 붙여진 이름이라고 해요.

도전
부자되자!
6

아껴 쓰는 것과
마구 쓰는 것의 차이는?

절약과 낭비

전기세가
이렇게 많이
나오다니…!

내가 그렇게
*절약하라고 했거늘!

화르르

*절약 : 필요할 때 적절히 쓰는
것을 뜻해요. 반대로 낭비는
함부로 마구 쓰는 것을 뜻하죠.

전기 낭비범은
이 안에 있어!

경찰관 생활 13년,

잡은 범인만 수백 명!

오늘은 집안의 전기 낭비범을 잡는다!

준비 완료!

가장 가능성이 낮은 노을이부터 조사해 볼까?

스윽

일단 안 쓰는 코드는 뽑혀 있군.

엄마! 오늘 쉬는 날이세요?

역시 노을이는 범인이 아냐.

응, 노을이 좋아하는 장조림 해 줄까?

엄만~. 장조림은 새벽이가 좋아하잖아요.

아, 그렇지~.

오늘 무슨 날이에요? 뭔가 달라 보이시는데….

아무 날도 아니야~.

휙

무슨 일이시지?

그리고 보니 요즘 범인 잡느라 바빠서 애들에게 통 신경을 못 썼네….

허팝?

어느새 전구를 이렇게 많이 모았구나.

독특한 전구를 잘도 구했네!

찾았다! 전기 낭비범이 아니라 아이들에게 무심했던 엄마….

오옷!

미안해, 허팝!
새로 사 줄게.

괜찮아요…

어차피 이젠
안 팔거든요…

미안해서
어쩌니…

어떡해…

전기세
5천 원 더 나온 게
뭐라고…

네?

아무것도
아니야.

뭔가
이상해…

그렇지…?

애들에게 신경 좀 써야겠어.

오랜만에 맛있는 요리 해 줘야지~.

잘 먹겠습니다!

허팝, 선물이야. 똑같은 건 못 찾았지만….

우왓, 마음에 들어요! 감사합니다!

호기심 해결!

6 절약과 낭비

방방소년단 오빠 포스터를 전부 모으기 위해서 참을 거야!

왜 넌 안 사 먹어?

이걸 절약이라고 해야 할지, 낭비라고 해야 할지….

Q 왜 절약을 해야 해요?

A 지금은 돈이 많더라도 언제 돈이 부족해질지 몰라요. 꼭 필요한 물건이 생겼는데 돈이 없어서 사지 못하면 큰일이겠죠? 그리고 돈을 아껴 쓰는 생활 습관을 들여야 스스로 돈을 버는 어른이 되어도 자연스럽게 절약을 할 수 있어요. 그렇지 않으면 낭비를 하기 쉽거든요.

Q 낭비의 기준이 뭐예요?

A 낭비의 기준은 사람마다 달라요. 돈을 얼마나 썼는지보다는 어떤 것을 사는 데 돈을 사용했는지가 더 중요하죠. 아무리 싼 물건이라도 필요하지 않은 물건을 사는 건 낭비예요. 반대로 아껴 쓰면 물건을 오래 사용하고 쓰레기도 줄일 수 있으니 *일석이조겠죠?

*일석이조 : 돌 한 개를 던져 새 두 마리를 잡는다는 뜻으로, 동시에 두 가지 이득을 보는 것을 뜻하는 말.

 **경제 용어**

절약 : 돈이나 물건을 아껴 쓰는 것을 말합니다. 낭비 : 돈이나 물건을 함부로 쓰는 것을 말합니다.

지갑이 없어도 괜찮아!
스마트 페이

너의 책가방~ ♬

달콤한 목소리~! 귀로 먹는 푸딩인가요?

앵

앵

이놈의 앵앵 소리…!

우드득

감히 겁도 없이 오빠들 노래에 잡음을 넣다니….

짝

모조리

없애 주마!

짝

짝

파닥

파닥

새벽 님에게 전기 모기채를 들게 하다니….

간만에 몸 좀 풀어 볼까?

헉

헉

헉

후후후후

크크크
애 애 앵

발차기는 속임수다!

이게…

사뿐

진짜지!!

파지지직

화악

완전 멋있어!!

와-아

짝 짝

훗, 이거야 기본이지~.

아니, 너 말고…

바로 이거!
완전 내 스타일이야,
찌릿찌릿~!

뭐야,
전기 모기채
말한 거였어?

애앵

으앗,
또 물렸어!

내가
잡을게!

다다다

거기 서라!!

우당탕

팍

거기
서~!

콰직

턱

툭

투

콰당

잡았다!!

뭐야?!

뭘 잡아?

애들아, 아빠 왔….

헉!

아빠!!

이거 보세요. 제가 모기를 잡았어요~!

그래, 거실도 같이 잡았구나….

엄마 오시기 전에 얼른 치워야….

아, 숙제!

과학 실험이….

이 녀석들이….

10분 안에 다 치우면

마트에서 먹고 싶은 거 하나씩 사 주마!

무슨 냄새지?

이게 뭐예요?!

화악

떡갈비란다. 맛있으니까 한 번 먹어 보렴.

잘 먹겠습니다~!

아~

그렇게 많이 먹으면 안 되는데….

우와, 맛있다~!

맛있지? 부모님께 사 달라고 해.

음…. 좀 더 먹어 봐야 알 것 같아요.

간도 딱이고 맛있는데 뭔가 찌릿찌릿한 맛이 부족하네요….

찌릿찌릿한 맛…?

오물

오물

허팝, 우린 다 골랐어. 빨리 와~!

필요 없으면 안 사도 된다.

고, 고를 거예요!

떡갈비 사 달라고 하면 되겠구나.

떡갈비

사이다를 사야겠어.

텅 텅

총 12만 원입니다.

어라, 지갑을 깜빡했네!

헉! 그럼 어떡해요?!

후후후

짜잔, 이게 있지!

휴대폰이요?

스마트 페이는 휴대폰 안에 저장된 카드로 물건을 살 수 있단다!

삐약~

우와

7 스마트 페이

Q 스마트 페이는 어떻게 사용하는 거예요?

A 요즘은 지갑이 없어도 스마트폰만 있으면 결제를 할 수 있답니다. 바로 '스마트 페이' 덕분이죠. 스마트폰 안에 은행과 카드 회사가 들어 있다고 생각하면 쉬워요. 페이 어플리케이션을 다운로드 받으면 온라인에서는 바로, 오프라인에서는 스마트폰끼리 가져다 대면 결제가 끝난답니다.

Q 스마트 페이의 장단점은 뭐예요?

A 스마트 페이의 가장 큰 장점은 편리함입니다. 자주 사용하는 계좌나 카드를 한 번만 등록하면 그 뒤에는 비밀번호 혹은 지문 인증을 통해 쉽고 빠르게 결제가 가능하거든요. 그렇다면 좋은 점만 있을까요? 스마트 페이는 아직 보안이 완벽하지 않다는 위험성이 있다고 해요. 그러니까 다들 조심해서 사용해야겠죠!

경제 용어

스마트 페이 : '똑똑하다'는 뜻의 '스마트(Smart)'와 '돈을 지불한다'는 뜻의 '페이(Pay)'를 합친 말로, 금융 서비스와 관련된 모바일 기술을 뜻해요.
핀테크 : '금융'을 뜻하는 '파이낸셜(Financial)'과 '기술'을 뜻하는 '테크닉(Technique)'를 합친 말로, 금융 서비스와 관련된 모바일 기술을 뜻해요.

돈은 어디에 맡기는 거야?

은행과 통장

쩡

쩡

맴맴맴

혁

혁

하아

하아

에어컨 기사님 언제 오신대…?

하아

하필 이럴 때
에어컨이 망가져서….

몰라…. 기다리는
사람이 많대….

난
아이스크림.

같이
먹자!

누가 아이스크림을
밖에 꺼내 놨어?!

헉! 언제부터?!

부들

부들

녹다 못해
끓고 있잖아!!

스윽

빨리 냉동실에
넣어 놓자.

여기가 어딘데?

은행! 에어컨이 빵빵한 곳이지.

아, 우리처럼 에어컨 망가진 사람들이 와서 쉬는 곳이야?

그건 아니고!

후후

읍읍

돈을 저축하거나 빌리는 곳이야.

그렇구나~.

그런데 난 저축할 돈 없는데….

나도.

그럼 여기 왜 온 거야?

시원하잖아~.

후유, 나라도 통장 가져올게.

ㅋㅋㅋ…

웬수야, 웬수!

어때?

새벽아, 왜 그래?

물 마시면 괜찮아질 거야.

다들 어디갔지?

저기 있구나~.

허팝, 나 왔어!

허팝? 나는 백구봉인데?

죄송해요! 뒷모습이 친구랑 비슷해서…

꾁 꾁 꾁

노을이 왔구나!

그 모자는 뭐야?

히힛

할아버지랑 바꿔 써 봤어. 어때?

잘 어울리는 것 같기도 하고…

109번 손님~!

딩동

앗, 날 부르는구만!

휙

C 은행

새벽아, 이제 좀 괜찮아?

너무 웃었나 봐.

둘이 닮긴 했어.

제가 109번인데요.

잉, 그래? 나도 백구봉인데?

할아버지, 번호표 좀 보여 주시겠어요?

그게 뭐야? 이것 봐, 맞잖아, 백구봉.

백구봉 님

아, 할아버지 성함이 아니라 번호표 뽑으시면 번호로 불러드릴 거예요~.

푸하하하하하!

조용히 좀 하지.

아하

어! 허팝, 모자 바꿔 쓴 채로 왔네.

그러게. 난 모자 또 있어서 괜찮은데, 할아버지는 어떠시려나?

영감~, 스타일이 바뀌셨네?

앗차! 모자를 바꿔 쓰고 왔네!

젊어 보이고 괜찮네.

부인이 좋다고 하면 쭈욱 이런 스타일로!

난 좋아~!

호기심 해결!

8 은행과 통장

Q 은행은 어떤 일을 해요?

A 은행은 어떻게 하면 재산을 안전하게 지킬 수 있을까 고민하다 생긴 기관이랍니다. 은행은 사람들의 돈을 금고에 넣어만 두는 게 아니라 기업이나 개인에게 빌려줍니다. 그렇게 은행은 돈이 필요한 자에게 저축한 고객의 돈을 빌려 주고 이자를 받아 돈을 버는 거랍니다. 그리고 은행은 기업과 개인들의 돈을 관리하며 돈의 흐름을 조절하기도 해요.

Q 통장이 있으면 어떤 점이 좋아요?

A 통장을 보면 내가 얼마나 돈을 모으고 썼는지 쉽게 알 수 있어요. 은행에서 관리하는 용돈 기입장이라고 생각하면 쉬워요. 은행원이 관리해 주니까 실수 없이 확실하겠죠? 그래서 통장을 이용하는 게 더 편리해요.

허팝, 이 숫자는 네 통장에 있는 돈이야.

은행에서 처음 통장 만든 기분이 어때?

1만 5천 원이 뭐지? 난 150만 원이 좋은데!

경제 용어

은행 : 돈을 저축하고 빌리는 곳이랍니다. 돈을 안전하게 지켜주기도 하죠.
통장 : 은행에 돈을 넣고 빼는 것을 기록하는 장부예요.

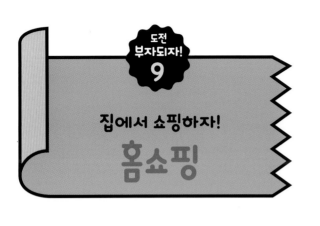

도전
부자되자!
9

집에서 쇼핑하자!
홈쇼핑

귀신은 마음이 약한 사람에게 종종 나타나곤 합니다.

자신의 존재를 드러내길 좋아하기 때문입니다.

벌써 열두 시네. 빨리 자야겠다.

응?

호호호호호

귀... 귀신...?

혹시 허팝인가…?

끼이...

으호호호호

쿵

아, 아빠!!

헉!

내가 *가위눌리다니!
몸이 약해졌나 봐.

하아

하아

*가위 : 자다가 무서운 꿈에 질려 몸을 마음대로 움직이지 못하고 답답함을 느낀다.

오호호호

누구지?

쿵!

뭐, 뭐야?!

으, 목말라….

거실은 멀어서 귀찮은데….

으흐흐흐

켕—

얏!

이히히 히히

뭐야?!

뻘쭘…

다들 나 빼고 재미있는 거 보고 있는 거야?

휙

엄마는 주무시니까 쉿~!

뭐 보는데?

너도 내가 안 보이는 거야?!

홈쇼핑! 집에서 물건을 살 수 있는 방법이지.

지금은 떡갈비야.

이렇게 잘 구운 떡갈비를 밥에 얹어서~

한 입에~, 음~! 얼마나 맛있을까요?

추억의 맛! 떡갈비 -마감임박-

스윽

헉!

이제야 내가 보이냐?! 무섭지~!!!

아빠! 마감 임박이래요, 빨리 사요!

잠깐만~, 결제 중이야.

휘청

떡갈비에 홀려서 내가 안 보이나 봐!

귀신 30년 만에 이런 굴욕은 처음이다!

훌쩍

*때깔 : 맵시나 빛깔.

먹고 죽은 귀신이 *때깔도 곱대요.

그런 말은 언제 배웠어?

카악

때깔 고우면 뭐하냐! 아무도 못 보는데!

결제 완료!!

꾹 꾹 꾹

떡갈비 먹을 수 있다!

이얏호~!!

음?

무슨 소리가
들렸는데…?

딸칵

뭐, 뭐야!!

다들 안 자고
어두운 곳에 앉아서
뭐 하는 거야?!

꼭 귀신에
홀린 것처럼!

내가 홀린 거
아니거든?

빨리 들어가서 자! 당신도요!

아줌마!

내가 아니라! 떡갈비에 홀린 거라고!

후비적

아무리 그래도 개한텐 보일 텐데…

야, 자냐? 자?!

ZZZ

헤... 떡갈비

척

시끄러워. 잘 거야.

역시 넌 내가 보이는구나~!

다행이야. 너무 외로웠어.

멍멍아, 나랑 같이 놀자~!

……

에이, 그러지 말고 놀아줘~.

……

호기심 해결!

9 홈쇼핑

Q 홈쇼핑의 장점이 뭐예요?

A 가게에 직접 가지 않고 앉은 자리에서 물건을 살 수 있으므로 편하고 시간이 절약되죠. 그리고 필요한 물건을 여러 개 찾아 비교하기 쉬워서, 좋은 물건을 보다 효율적인 가격에 구입할 수 있어요.

Q 홈쇼핑의 단점이 뭐예요?

A 제품을 직접 볼 수 없다는 게 가장 큰 단점이에요. 직접 보고 만질 수 없으므로 제품에 대한 신뢰도가 떨어질 수 있죠. 그리고 충동구매를 하거나 허위광고, 과대광고에 속을 우려도 있어요.

홈쇼핑에서 전구 10종 세트가 9만 9천 9백 원이네! 엄청 싸게 파는 거래!

과연 그게 정말 싼 걸까~?

경제 용어

홈쇼핑 : 가정에서 텔레비전이나 컴퓨터 등으로 텔레비전 쇼핑 프로그램이나 인터넷 쇼핑몰 등의 상품 정보를 보고 물건을 사는 것을 말해요.

도전
부자되자!
10

나라마다 돈의 가치가 다르다고?
환율

떡갈비

여보세요~.
네, 제가 맞는데요….

뭐라고요?
하와이
가족여행권에
당첨됐어요?

하와이요?!

여보, 건배해요!

노을이 넌 여기까지 와서 책이냐?

서핑을 배워 보고 싶어서~.

그런 건 몸으로 배우는 거야!

빨리 와~.

잠깐, 잠깐~!

잘 봐, 이렇게 하는 거야!

못 하겠어~!!!

노을아, 나처럼 튜브 타~.

어, 저게 뭐지?

우와, 예쁘다~!

오우, 찌릿찌릿~!

실컷 놀았더니 배고파~.

하아

저기 핫도그 판다!

헬로우.

헤, 헬로우~.

왜 이렇게 싸? 3원?

Hot dog
3$

저건 원이 아니고 달러야. 환율 계산하면 우리나라 돈으로는 3천 3백 원 정도네.

환율이 뭐야?

자기 나라 돈을 다른 나라 돈이랑 교환할 때의 비율이야.

그렇구나. 3원인 줄 알고 100개 사 먹으려고 했더니….

2개만 먹어도 배부를걸~.

우와, 정말 엄청 크다!!

냠 냠

맛있다~!

굿?

예스, 예스, 베리 굿!

허팝, 영어 잘하는구나!

이거야 기본이지.

저기 좀 봐! 머리밖에 없어!

하하, 모래찜질하는 거야. 허팝도 해줄게.

어때?

뜨끈뜨끈하고 좋다~.

탁탁탁

엥?

촤악

공이 아니네?

너네 공 이거지?

팡

와우, 너 실력 좋다. 우리랑 같이 비치볼 할래?

팡

좋아!

우와, 새벽이 운동신경 끝내준다!

이겼다!

대단하다…!

좋아, 서핑도 연습하면 잘할 수 있을 것 같아!

바로 그거야! 자신감!

노을이 멋지다…!

헤헤, 뭘~.

저기 노을 말이야.

뭐야?!

좋았다 말았네!

뭐 해, 소라개?

소라게다!

큭큭, 소라개가 소라게를 얹고 있네?

어? 아빠님이랑 엄마님이야.

차아아

아, 로맨틱해~.

10 환율

Q 환율이 왜 중요해요?

A 환율은 오르고 내릴 때마다 나라 경제에 큰 영향을 미쳐요. 작게는 우리가 해외 여행을 가거나 외국에서 물건을 살 때부터, 크게는 회사가 외국에 물건을 파는 것까지, 쓰고 버는 돈이 달라지거든요.

Q 환율이 변하면 어떤 점이 달라져요?

A 우리나라를 기준으로, 환율이 오르면 수출에 유리해요. 우리 돈이 싸지니까 우리나라에서 만든 물건도 덩달아 싸지겠죠. 하지만 그만큼 수입에는 불리해요. 우리나라는 수입하는 물건이 많아서, 국내 물가도 오를 가능성이 있고요.

반대로 환율이 내리면 수입에 유리해요. 수입한 물건으로 만든 우리나라 물건들이 많은 국내 물가도 떨어지고요. 하지만 우리나라보다 환율이 낮은 나라에 팔게 되면, 기본 가격이 있으니 그 나라 기준으로는 물건 가격이 비싸지겠죠.

 경제 용어

환율 : 우리나라 돈과 다른 나라 돈을 맞바꿀 때의 비율을 뜻합니다. 나라마다 경제를 평가하는 기준이 다르기 때문이죠.

살림이 넉넉한 사람과
얻어먹는 사람은?
부자와 거지

난 엄청난
부자인데다 얼굴도 너무
잘생겼단 말이야~.

으이구, 왕자병~.

왕자님,
식사 시간입니다.

108

사이다 없어, 사이다?

그게 뭡니까, 왕자님?

왜 사이다를 몰라~! 찌릿찌릿하고 달콤한 음료 말이야!

죄, 죄송합니다!

그걸 내가 어떻게 알아.

에잇, 입맛 없어! 다 치워라!

네, 왕자님.

백성들은 굶고 있는데….

반짝반짝 금화에 둘러싸여 있을 때가 제일 행복해~!

저 욕심쟁이… 한 대만 쥐어박고 싶다.

이 옷도 마음에 안 들어.

왕자님 옷들은 다 일류 디자이너들이 만든 제일 비싼 옷이에요.

하아~. 뭐 재미있는 거 없나?

왕자만 아니면 콱!

호오~!

둠칫♪

♪♪

♪♪

♪♪

두 둠칫

저 세련된 패션….
우아한 몸짓….

대체 저들이 뭘 하고 있는 거냐?

거지 소라개가 구걸하는 것 같은데요?

뭔지 몰라도 무척 즐거워 보이는구나.

바보! 구걸이 즐겁겠어?

소라개를 초대해라!

네네~.

다 먹어도 돼.
네 이름이 소라개라고?

그 옷…

내 옷이랑
바꿔 입어 볼래?

멀뚱

오, 가벼워~!
진짜 내 옷
같은 느낌이야!!

둠칫

두 둠칫

왕자님, 거지를
이 안까지 들어오게
하시면 어떡해요~!

그럴 만한
사정이 있었다.

시끄럽다, 거지!
당장 나가!

잉? 나?

뻥

끼요오~

ㅋㅋㅋ

왕자님이 뭔가
많이 달라진 거 같지
않습니까?

요즘 춤 추시더니
살 빠지셨나 봐.

백성들의 편지 읽을
시간이십니다.

썩

당장 문 열어라!
왕자 얼굴도
못 알아보느냐!

이런 건방진
거지를 봤나.

썩
꺼져라!

끼요오~

배고파⋯.
성에서 먹었던
음식들이 생각나네⋯.

그렇지!
구걸을 해볼까?

와아 와

찌릿

찌릿

짤그랑

짤그랑

하아⋯. 한 시간
춤 춰서 2천 원밖에
못 벌었네.

힘내! 그래도
2천 원이나 벌었잖아!

넌 누구야?

난 노을이라고 해.
넌?

난 허팝!

왕자님 이름과
똑같네.

푸하하하

으앙, 내가
왕자라고~!!

뭐?

소라개랑 옷을
바꿔 입었다가
궁에서
쫓겨난 거야.

헉! 그렇게 된 거구나.
어쩐지 어디서 본
얼굴이더라.

많이
힘들었겠다.

넌 날 믿어
주는 거지?

와
락

11 부자와 거지

Q 어떻게 하면 부자가 될 수 있을까요?

A 열심히 저축을 하고 아껴 쓰는 습관을 들여야 해요. 그러면 어른이 되어서 돈을 벌었을 때 잘 저축해서 부자가 될 수 있어요. 세계적인 부자들은 대부분 매우 검소하다고 해요. 돈을 벌었다고 함부로 쓰지 않았기에 부자가 된 거죠. 그리고 정직하게 돈을 벌어야 한다는 점, 꼭 기억하세요.

Q 돈이 없어서 슬프면 어떻게 해요?

A 돈이 많다고 너무 낭비하지도 말고, 돈이 없다고 너무 슬퍼하지도 말아요. 돈이 세상에서 가장 중요한 건 아니잖아요? 친구들과 뛰어놀고 가족들과 재미있는 이야기를 나누는 건 돈으로 살 수 없는 기쁨이에요. 그런 기쁨을 잘 누리는 사람이 어른이 되었을 때 돈을 잘 벌 수 있어서 빨리 부자가 될 수 있답니다.

 경제 용어

부자 : 아주 돈이 많아서 살림이 넉넉한 사람을 말해요.   거지 : 아주 가난해서 남에게 얻어먹는 사람을 말해요.

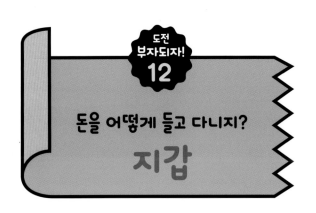

돈을 어떻게 들고 다니지?

지갑

차아악

자, 신중하게 3장을 골라 봐.

뭐 하는 거야?

타로점 보잖아!
집중해야 하니까
조용히 해.

헐~

골랐어!
이거랑, 이거랑,
이거!

흠, 꽤 흥미로운
결과가 나왔군.

뭔데?!

이번 주 일요일, 물이
많은 곳에서 엄청난
*귀인을 만나게 돼.

두둥

*귀인 : 사회적 지위가 높고 귀한 사람.

그날은 네 인생에서
가장 기억에 남을
행운의 날이 될 거야!

정말?!

척

설마 저런 걸
믿는 건 아니겠지…?

일요일에 물이
많은 곳이라…

여기~.

돈은 지갑에 넣어 다녀야 해~.

지갑이 뭔데?

휘이잉

팔랑

으악!!!

휘이잉

소라개, 잘했어!!

나한테 맡겨!

나무 위의 돈은 어떡하지?!

조심해!

새벽아!

잡았다!!

미끌

안 돼!!

기억에 남을…

행운의 날이라고…?!

최악이야!

12 지갑

Q 지갑은 왜 필요해요?

A 지갑은 '돈의 집' 같은 거예요. 우리가 물건을 살 때는 돈이 꼭 필요하죠? 그런데 돈을 주머니나 가방에 대충 넣어 다니면 잃어버릴 수도 있어요. 지갑에 돈을 넣어야 소중히 간직할 수 있겠죠.

Q 지갑은 왜 크기가 달라요?

A 지갑을 사용하는 쓰임새가 다르기 때문이에요. 지갑에는 동전지갑, 장지갑, 단지갑, 카드지갑 등이 있어요. 동전지갑은 말 그대로 동전을 넣고 다니는 지갑이고, 장지갑과 단지갑은 각각 돈을 구기지 않을 수 있다는 장점과 들고 다니기 편하다는 장점이 있어요. 요즘은 신용카드를 많이 사용하면서, 카드만 넣고 다니는 카드지갑도 있죠.

 경제 용어

지갑 : 돈을 넣고 다니는 작은 주머니입니다. 보통 가죽이나 헝겊으로 만들어요.

흠….
과학 박람회가
내일까지였나?

아마
그럴걸?

그 녀석 엄청
기대했었지?

응, 그랬지.

못 가면 많이
실망하겠지.

앗, 내 풍선!

아마도?

콱

자, 여기!

고맙습니다~!

볼 때마다 놀라워!
엄청난 운동 신경!!

끼요오~!!

다 다 다 다

쟤넨 누구야?

허팝, 도둑에게 던질
테니 네가 빛을 내!

뭐?

빛을
내라고!!!

파 앗

뭐야?!

휘릭

척

앗!

화 아 악

으악,
눈부셔…!!

둘 다 잘했어. 하지만 앞으로는 나서지 말고 112로 신고해야 한다.

네!

아이고, 고마워서 어쩌누~. 자, 이거 가지고 맛난 거 사 먹어, 응?

괜찮아요, 할머니~. 안 주셔도 돼요.

스윽

고마워서 그래. 이 보따리 안엔 손주에게 줄 선물이 들어 있거든.

그럼…, 감사합니다!

노을아, 자, 만 원!

척

고마워. 그런데 왜 만 원이나 줘? 5천 원이잖아.

내일 박람회 간다며. 맛있는 거라도 사 먹으라고. *이자 쳐 준 거라고 생각해.

와, 진짜? 고마워!!

*이자 : 남에게 돈을 빌려 쓴 대가로 치루는 일정한 비율의 돈을 말합니다.

그런데 도둑은 나도 같이 잡은 거 아닌가?

모, 몰라! 아, 피곤하다~.

도둑?

13 이자

Q 은행에서는 왜 이자를 받나요?

A 은행은 사람들이 맡긴 돈을 회사나 다른 사람에게 빌려주지요. 빌린 사람은 빌린 돈보다 많은 돈을 은행에 갚아야 해요. 그걸 '이자'라고 해요. 반대로 은행에 돈을 맡긴 사람은 '이자'를 받을 수 있지요.

Q 이자는 어떤 점이 좋나요?

A 은행에 돈을 모아 두면 나중에 돈을 찾을 때 맡긴 돈보다 더 많은 돈을 받을 수 있어요. 이자에는 '단리' 이자와 '복리' 이자가 있어요. 단리 이자는 맡긴 돈에 대해 일정한 비율만큼 이자를 줘요. 복리 이자는 맡긴 돈과 이자를 더해서 이자를 주고요.

그러니까 복리 이자가 더 많은 돈을 받겠죠? 하지만 복리 이자는 돈을 모으는 기간이 길수록 돈을 더 많이 받으니, 여윳돈이 있을 때 하는 게 좋아요.

 경제 용어

이자 : 돈을 빌리거나 빌려 주었을 때, 처음 돈에 일정 비율을 더해서 주거나 받는 돈이에요.

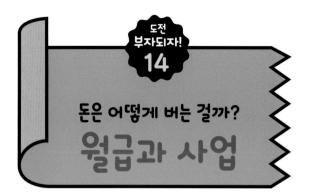

도전
부자되자!
14

돈은 어떻게 버는 걸까?
월급과 사업

오늘 수업 끝!

네~!

안녕히 계세요!

우산 안 가져왔는데…

싸아아

저기 허팝이다!

얘들아~!

싸아아

앗!

조심해!!

끼요옷~!!

피했다!

으앗,
죄송합니다!!

위험하니까,
그런 장난은 조심하세요!

정말
죄송합니다!

앞으로는
안 그럴게요….

허팝, 우산 고마워~!

헤헤, 뭘~!

어, 비가 오네?
우산 없는데.

나도 우산 없어.
어쩌지….

그럼 일단 우리 집에 가서 숙제 할래?

그래도 돼?!

이번 숙제는 다 같이 하면 도움이 될 것 같아.

그래!

새벽이랑 같이 숙제라니, 우산 없는 척하기를 잘했어!

새벽, 노을이네 집

숙제가 뭔데?

장래 희망을 적는 거야.

다들 생각해 봤어?

난 과학을 더 공부해서 세상에 없는 새로운 걸 만들고 싶어!

난 월급 받는 회사원보단 돈 많이 벌 수 있는 사업가가 되고 싶어!

월급은 뭐고 사업은 또 뭐야?

회사에서 일을 하고 돈을 받는 건 월급이고, 회사를 세워서 돈을 버는 건 사업이야.

오호~.

인생은 한 방!! 나는 아이돌이 될 거야~.

멋있다~!

그냥 방방소년단을 더 보고 싶은 거 아니야?

아니거든~!!

아야~

둘 다 그만해~.

넌 빠져!

난 만두집 사장 할 거야.

만드는 순간 다 먹어 버려서 팔 게 없을 것 같은데?

그럼 만두를 더 많이 만들면 되지!

하 하 하 하

허팝, 너는 뭐가 되고 싶어?

어…, 나는…

좋은 친구!

그게 뭐야~. 좋은 친구로는 돈 못 벌거든?

나는 왠지 멋지게 들리는데?

열심히 하는구나!

다들 간식 먹으렴.

잘 먹겠습니다!!

각자의 꿈을 위해 노력하는 건 멋지고 보람된 일이란다.

그럼, 그럼~.

엄마, 아빠의 꿈은 뭐였어요?

난 편의점 사장. 과자를 실컷 먹을 수 있을 줄 알고~.

우와, 꿈을 이루신 거네요.

그렇지! 하하하.

엄마님은요?

행복한 가족을 만드는 거였어! 웃음이 넘치는 가족~.

사업하시는 우리 아빠가 기사님을 보내셨네.

잘 가!

차 멋지다~. 역시 사업을 해야 하는 건가?

부우우

아니, 우리 부모님은 사업 안 하지만 엄청 멋지시잖아.

맞아. 이 사회엔 경찰관, 과학자, 아이돌 모두 필요한 거야. 특히 좋은 친구!

헤헷

아까 만두 얘기했더니, 만두 먹고 싶다!

만두 먹으러 가자!

만두 나왔습니다~!

다 내 거야!!

냠냠

콰악

콱

그렇겐 안 될걸~!

호기심 해결!

14 월급과 사업

Q 월급은 왜 받는 거예요?

A 부모님이 회사에서 일을 하면 매달 회사에서는 정해진 돈을 줘요. 열심히 일을 했으니 그만큼 대가를 받아야겠죠? 부모님이 받는 월급으로 여러분이 책도 사고 맛있는 음식도 먹는 것이랍니다.

Q 사업은 어떤 거예요?

A 텔레비전 광고에 나오는 큰 회사도, 집 앞의 문구점도 모두 사업이랍니다. 사업에는 정해진 종류가 없어요. 만화를 그리는 사람이나 유튜브에 재미있는 영상을 올리는 사람도 일인사업가예요.

전기 전구판매점

전구 사업보다는 다른 회사에서 월급을 받아 전구를 사는 게 낫지 않을까?

전구 가게 사장이 되는 것도 좋을 것 같아!

경제 용어

월급 : 회사에서 일을 하고 매달 받는 돈이에요.   사업 : 회사를 세우는 거예요. 회사를 세운 사람을 '사장'이라고 하죠.

돈이 없어도 쓸 수 있어!

신용카드

흰 눈 사이로~
썰매를 타고~
달리는 기분~
상쾌도 하다~!

썰매라는 거,
굉장히
재밌을 것 같아.

허팝, 우리
산타 할아버지께
편지 쓰자.

산타 할아버지?

산타 할아버지는 썰매를 타고 다니면서 모든 착한 어린이들에게 선물을 주시는 분이야!

엄청 통 크신 분이구나! 빨리 편지 쓰자!

착한 일 많이 했어? 편지에 착한 일 한 거 써야 해.

당연하지. 나만큼 착한 전구 있으면 나와 보라고 그래.

과연~?

사실은 말썽 피운 것밖에 생각이 안 나…

다들 뭘 쓰는 거지?

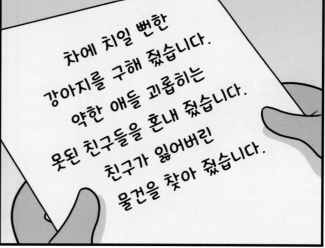

차에 치일 뻔한 강아지를 구해 줬습니다. 약한 애들 괴롭히는 못된 친구들을 혼내 줬습니다. 친구가 잃어버린 물건을 찾아 줬습니다.

착한 일 엄청 많이 했네!

당연하지~! 넌 벌써 다 쓴 거야?

뭐야, 빈 종이네. 쓸 게 없는 거 아냐?

허팝, 잘 생각해 봐.

난 착한 일 한 게 없나 봐. 생각이 안 나.

아니야! 집안일 도와드렸잖아. 그래서 엄마한테 칭찬도 받고!

맞아, 허팝 청소 실력은 인정!

그럼 나도 산타 할아버지한테 선물 받을 수 있겠다!

다들 갖고 싶은 선물은 뭐라고 쓸 거야? 난 과학실험세트!

나는 방방소년단 공연 티켓!

음…. 난 샹들리에!

그런 거 적는 앤 너 뿐일 거야.

그런가? 헤헤.

150

애들아, 편지 다 썼으면 양말에 넣어 놓고~. 아빠랑 같이 트리에 장식할 전구 사 오렴.

네!

눈이다!!

길이 미끄러우니까 다들 조심해라.

호오~.

썰매 너무 타 보고 싶었어!

안 돼, 허팝!

위험해!!

좌아아

우와~!

예쁜 전구가 너무 많아!

트리 장식용 전구 하나 주세요.

네~

카드로 계산할게요.

3만 원입니다.

어머, 고객님! 신용카드가 한도 초과로 뜨네요.

헛….

신용카드 한도 초과가 뭐예요?

신용카드는 정해진 한도에서 미리 쓰고 한 달 뒤에 갚는 카드란다. 한도 초과란 이미 그걸 다 썼다는 얘기지….

하아

또 뭘 사신 거예요?

나에게 주는 크리스마스 선물로 새 낚싯대를….

아빠님도 산타 할아버지께 편지 쓰지 그러셨어요!

어른이 되면 산타 할아버지 선물은 못 받는단다.

헉! 어른 되기 싫다~.

허팝, 너한테 전구 많잖아. 그걸로 트리를 꾸미면 어떨까?

좋은 생각이야!

그래도 되겠니?

물론이죠, 저만 믿으세요!!

팡

팡

집으로 돌아온 후

척

척

척

척

이제 켜 보자!

메리
크리스마스!

우와~

모두 공책이랑
펜 세트잖아!

왜 원했던
선물이 아니지?!

너희가 착한 일을
덜 했나 보다!

산타 할아버지
은근히
구두쇠인가 봐~.

공부 열심히
하라는 뜻 아닐까?

하
하

빨리 어른이 되어서
아빠님처럼 신용카드로
갖고 싶은 거 다 살래요~.

쉿!

응?

멈칫

당신, 또
뭐 샀어요?

아니야~!

어른도
좋은 건
아니구나….

다
다
다

156

 〈허팝 호기심상식 2권 – 도전 SOS 탈출!〉 편을 기대해 주세요.

호기심 해결!

이거 계산해 주세요!

모든 카드가 다 신용카드로 쓸 수 있는 건 아니야~

15 신용카드

Q 신용카드의 장점은 뭐예요?

A 가장 큰 장점은 현금을 들고 다닐 필요가 없다는 거예요. 현금을 많이 갖고 있으면 도둑맞거나 잃어버릴 수 있어서 위험하거든요. 그리고 신용카드는 우리가 가지고 있는 돈보다 더 많은 돈을 사용할 수 있게 해 줘요. 시간을 두고 돈을 나누어서 낼 수 있기 때문이죠.

Q 신용카드의 단점은 뭐예요?

A 지금 당장 돈이 없어도 물건을 살 수 있으니 쓸데없는 물건을 사기 쉬워요. 신용카드는 돈을 '빌린' 것과 같다는 것을 꼭 생각해야 해요. 그리고 신용카드 회사에 그 돈을 내지 못하면 신용도가 떨어져요. 신용이 떨어지면 금융 회사에서 거래를 하기 어려워요. 그러니 나중에 돈을 낼 수 있을지 꼭 생각하고 물건을 사야겠죠?

 경제 용어

신용카드 : 돈이 없어도 물건을 살 수 있게 해 주는 카드예요. 내가 나중에 돈을 낼 수 있다는 '신용'이 있다는 뜻이죠. 대부분 플라스틱으로 만들어져 있어 '플라스틱 머니(plastic money)'라고도 해요.

허팝, 〈허팝과학파워〉의 주인공이 되다!!

허팝의 실험 동영상 속 숨어 있는 과학원리를 초등교과에 맞춰 풀어낸 과학학습만화 대출간!

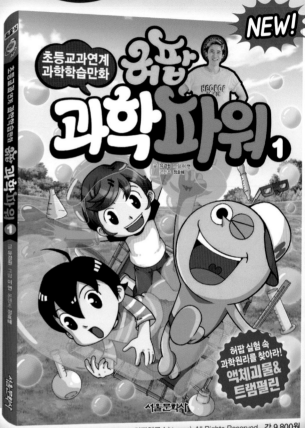

NEW!

초등교과연계 과학학습만화
허팝 과학파워 1

허팝 실험 속 과학 원리 대공개!

1권의 과학 테마
액체괴물 & 트램펄린

기체, 액체, 고체, 순물질, 혼합물, 탄성, 변형

허팝 실험 속 과학원리를 찾아라! 액체괴물 & 트램펄린

허팝과학파워 1권 줄거리 소개!

마법으로 움직이는 플로지스톤 월드에 살던 허팝은 알 수 없는 음모에 휘말려 차원의 틈새로 추방당하지만, 누군가의 부름을 받고 노을이와 새벽이가 사는 인간 세계로 온다. 노을이와 새벽이의 집에서 생활하며 새로운 생활에 적응하던 허팝은 자신을 찾아온 아빠를 알아보지 못하고 거대한 사건에 휘말리고 마는데….

허팝, 인간 세계에 오다!

다른 세계에서 온 신기한 친구 **허팝**

좌충우돌 호기심 대장 **노을**

걸크러시 매력 가득 **새벽**

허팝의 아빠, 엉뚱한 **사이언**

구입문의: 02-791-0750(출판영업) **서울문화사**

어휘 늪에 빠진 아이들을 구해 줄

런닝맨이 출동한다!

강력 추천

초등 국어학습만화

런닝맨 어휘의 神신

글 통암 송도수 | 그림 서정은

①

한국어
능력시험
기출 어휘·어법
수록

서울문화사

글 송도수 | 그림 서정은 | 값 9,800원

꽉! 막힌 어휘가
뻥! 뚫리는

유쾌 통쾌
초등 국어학습만화

서점에서 만나요~!

쉿!
어휘의 신이
되는 비법을
알려 줄게!

1 어휘, 편식하지 말고
골고루 익혀!

2 보고 또 보고 싶은
틈새 퀴즈를 즐겨~!

3 어휘랑 왁자지껄
신나게 놀아~!

구입문의 | 02)791-0753 서울문화사

'신비아파트'의 또 다른 이야기!
전 세계로 떠나는 신비 일행의 오싹 공포 모험!

신비아파트 고스트 탐험대
1~3권

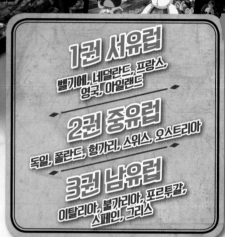

1권 서유럽
벨기에, 네덜란드, 프랑스,
영국, 아일랜드

2권 중유럽
독일, 폴란드, 헝가리, 스위스, 오스트리아

3권 남유럽
이탈리아, 불가리아, 포르투갈,
스페인, 그리스

서울문화사   각 권 값 9,800원   구입문의 02)791-0750(출판영업)